AF337461

LES NOTABILITÉS CONTEMPORAINES,

REVUE MENSUELLE,

PAR

Une Société d'Hommes de Lettres

FRANÇAIS ET ÉTRANGERS.

En Vente

A L'ADMINISTRATION GÉNÉRALE, Nº 15,
Rue Saint-Guillaume, Faubourg Saint-Germain;
ET CHEZ TOUS LES PRINCIPAUX LIBRAIRES.

PARIS. — 1844.

NOTICE BIOGRAPHIQUE

SUR LA VIE ET LES TRAVAUX POLITIQUES

DE M. LE C^{TE} DE PEYRONNET.

Imp. de P. BAUDOUIN rue des Bouch.-St-Germ., 38.

NOTICE BIOGRAPHIQUE

Sur la Vie et les Travaux politiques

M. LE Cᵗᵉ DE PEYRONNET,

PUBLIÉE DANS LE TOME PREMIER

DES NOTABILITÉS CONTEMPORAINES,

Revue mensuelle.

En Vente:

AU BUREAU DE LA REVUE, 15, RUE SAINT-GUILLAUME,
ET CHEZ TOUS LES PRINCIPAUX LIBRAIRES.

PARIS — 1844.

PEYRONNET (M. LE COMTE DE).

Au milieu des régimes divers que la France a traversés depuis un demi-siècle, beaucoup d'hommes éminens ont été appelés tour à tour au maniement des affaires ; mais, il faut le dire , aucun de ces hommes n'a peut-être encore été apprécié à sa juste valeur, et jugé avec ce calme et cette impartialité qui donnent aux arrêts de l'opinion publique une autorité irrécusable. Sous l'empire des préoccupations exclusives de l'esprit de parti , ils ont tous été l'objet des jugemens les plus contradictoires. Les passions contemporaines ont épuisé à leur égard toutes les formes de l'éloge et du blâme, du panégyrique et de la satire. Leurs doctrines , leurs idées, leurs actes, ont soulevé à la fois, dans les diverses régions du monde politique, les préventions les plus aveugles et l'enthousiasme le plus irréfléchi.

Jetez un coup d'œil sur cette foule de journaux, de pamphlets, de brochures qu'a vu éclore notre siècle de libre discussion, que trouvez-vous dans ces écrits? Presque toujours des apologies boursoufflées et des personnalités cruelles, des exagérations élogieuses et d'amères récriminations ; presque jamais une appréciation exacte des hommes et des choses. La presse n'a su que exalter et maudire; mais elle s'est montrée impuissante à formuler des jugemens sérieux et à assigner leur véritable place à chacune des individualités marquantes de ce temps-ci. Le monde politique a été livré à l'anarchie et à la confusion des langues, et ce que les uns appelaient honneur, courage, patriotisme, les autres l'ont appelé lâcheté, opprobre, abandon de l'intérêt national.

Cependant, il faut en convenir, le temps et la réflexion ont déjà fait justice de beaucoup d'exagération. L'opinion s'est mise à réviser les jugemens divers portés sur les hommes qui figuraient, il y a quelques années, sur la scène politique, et cet examen, poursuivi avec une impartialité consciencieuse, a déjà produit d'importans résultats. La vérité commence à luire dans les intelligences. Les attaques systématiques et l'admiration passionnée, qui s'agitaient naguère autour de quelques noms, suivant les exigences de l'esprit de parti, perdent chaque jour de leur valeur et de leur prestige.

Cette réaction salutaire se manifeste déjà en faveur des hommes éminens de la restauration. Depuis qu'une révolution les a fait descendre des hautes sphères où ils planaient, les passions politiques se sont calmées ; on a fait, avec une sage mesure, la part de leurs mérites et de leurs erreurs ; et ceux-là qui ne partagent ni leurs convictions, ni leurs sympathies, s'accordent à rendre hommage à leur loyauté, à l'élévation de leur caractère, et même à l'éclat de leurs talens.

M. le comte de Peyronnet figure au premier rang parmi ces hommes d'élite.

Les ancêtres de **M**. de Peyronnet avaient fait longtemps partie de cette vieille magistrature française qui a laissé de si honorables souvenirs. — Guillaume de Roux, son arrière-grand-oncle, était conseiller à la Cour des Aides, en 1669, et greffier en chef du parlement de Bordeaux. — Antoine-Guillaume Peyronnet, son bisaïeul, était, en 1695, conseiller à la Cour des Aides dans la même ville. — Jean-Joseph-Julien Peyronnet, son aïeul, était président trésorier de France à Bordeaux, en 1725. — Jean-Louis de Peyronnet, son père, était également trésorier de France en 1756. Sous la terreur, il fut victime de son dévouement à la cause de la monarchie, et périt sur l'échafaud révolutionnaire. — Enfin, Louis-Élie de Peyronnet, son frère aîné, était, en 1787, conseiller au parlement de Bordeaux. Il mourut, à Naples, en 1792.

Ces détails généalogiques ne sont pas sans intérêt. Pour se rendre compte des opinions, du caractère d'un homme et des actes de sa vie, il suffit souvent d'interroger le passé, et de consulter l'histoire de ses aïeux. Les traditions sont aussi un héritage que certaines familles se transmettent de génération en génération. Il existe, en un mot, une filiation morale aussi certaine que la filiation physique, aussi facile à constater, à établir. Spécialement appliquées à M. de Peyronnet, ces réflexions sont d'une justesse incontestable. Issu d'une de ces grandes familles parlementaires, célèbres par leur inébranlable attachement à l'ordre et à la monarchie, nourri des fortes traditions du passé, il dut apporter, dans toutes les phases de sa carrière d'homme public, les impressions de son enfance et de sa jeunesse, les opinions, les doctrines que l'éducation lui avait transmises, et que, plus tard, la réflexion avait mûries, que l'expérience avait fortifiées. Le tableau généalogique que nous venons de présenter explique donc la vie tout entière de M. de Peyronnet. Comme ces preux chevaliers du moyen-âge qui prenaient pour devise : *Noblesse oblige*, et dont le cœur s'enflammait en voyant appendue aux murs du gothique château les images de leurs ancêtres, il pensa que les glorieux antécédens de sa famille, que le nom des vénérables magistrats, dont le sang coulait dans ses vaines, lui imposaient de sérieuses obligations. En embrassant les principes qu'avaient soutenus ses aïeux, et pour lesquels son père avait péri sur l'écha- faud révolutionnaire, en déployant dans la défense de ces prin- cipes toutes les ressources de son intelligence et de son énergie, il fut guidé par les inspirations de son cœur en même temps que par les lumières de son intelligence.

Parcourons maintenant les diverses périodes de la carrière de M. de Peyronnet.

M. de Peyronnet est né à Bordeaux le 9 octobre 1778. — Dès sa première jeunesse, il donna des preuves de cette pré- sence d'esprit, de cette résolution, de ce courage, de cette noble fierté qu'il devait manifester plus tard avec tant d'éclat dans toutes les situations de sa vie.

Très jeune, M. de Peyronnet embrassa la profession d'avocat, profession chanceuse et difficile à cause de l'affluence d'hommes supérieurs qui se produisaient à cette époque dans les luttes ju- diciaires. Le barreau bordelais jetait surtout un grand éclat. On voyait s'y élever de puissans orateurs, des talens du premier ordre. — Les Lainé, les Martignac, les Ravez, préludaient par les triomphes du palais aux magnifiques ovations de la tribune.

M. de Peyronnet sut se faire remarquer même à côté de ces hommes supérieurs, et sans ressembler à aucun d'eux, son ta- lent eut un cachet à part, une individualité fortement caracté- risée, des formes originales. M. de Peyronnet n'avait ni l'abon- dance, ni la pompeuse phraséologie de M. Lainé, ni la grâce, ni les séductions, ni le brillant coloris de M. de Martignac ; sa parole se distinguait surtout par une argumentation sévère, par une précision énergique, et par ces traits vigoureux qui gravent pro- fondément la pensée dans l'esprit des auditeurs.

Ces qualités précieuses , qui assuraient à M. de Peyronnet une grande influence dans les débats judiciaires , furent appréciées , non seulement dans sa ville natale, mais encore au barreau de Paris , dont les suffrages donnèrent une éclatante consécration à ses premiers succès.

M. de Peyronnet était au barreau quand éclatèrent les événemens de 1814. Il accueillit avec transport la rentrée des Bourbons sur le sol français. Homme de cœur, il était attiré vers eux par cette sympathie ardente , irrésistible, qu'inspiraient à toutes les âmes généreuses ces princes qu'avaient éprouvés les longues souffrances de l'exil. Homme d'intelligence, il pensait que le principe de la légitimité était le plus solide fondement de la prospérité générale , et il espérait voir luire enfin sur la France des jours de paix et de bonheur.

En 1814, M. de Peyronnet manifesta avec énergie ses sentimens et ses opinions politiques. Il fut de ceux qui se distinguèrent dans la mémorable journée du 12 mars. — Pendant les cent-jours, il fut encore du nombre des officiers de la garde nationale qui témoignèrent le plus de dévouement à Madame.

Le gouvernement de la restauration donna à M. de Peyronnet un témoignage éclatant de sa confiance et de sa sympathie en l'appelant aux fonctions de président du tribunal civil de Bordeaux, au mois d'octobre 1815. En lui confiant ce poste élevé, le pouvoir rendit justice à son incontestable talent, à son mérite éprouvé, en même temps qu'il récompensa dignement son zèle pour la cause monarchique.

En 1818, M. de Peyronnet passa en qualité de procureur-général à la Cour royale de Bourges. Ces fonctions étaient parfaitement en harmonie avec la nature de son talent. Dialecticien souple et nerveux , orateur puissant, vif et coloré, improvisateur plein de saillies et de verve, planant à son gré dans les sphères les plus hautes, développant avec autant de clarté que de force les plus belles considérations d'ordre public, M. de Peyronnet possédait au plus haut degré l'art d'émouvoir, de convaincre. Les intérêts de la société, les grands principes de législation et de morale, ne pouvaient trouver un interprète plus habile et plus éloquent.

M. de Peyronnet ne tarda pas à se placer au premier rang parmi les organes du ministère public. — Successivement procureur-général, il justifia, dans l'exercice de ces fonctions, la confiance du gouvernement, et donna des preuves d'un talent élevé et d'un zèle infatigable. Son intelligence et son dévouement furent mis à l'épreuve dans une occasion importante, nous voulons parler du procès qu'il soutint en 1821, en qualité de procureur-général devant la Cour des pairs, contre les prévenus de conspiration du 19 août 1819. Dans cette circonstance, M. de Peyronnet, inspiré par le sentiment de ses devoirs, développa l'accusation avec une grande puissance de logique et une force entraînante.

Le talent que M. de Peyronnet avait déployé comme magistrat prouvait assez qu'il pouvait jouer un rôle brillant à la tribune. En 1820, les électeurs du département du Cher l'honorèrent du mandat de député. Le nouvel élu prit place au côté droit de la chambre, dans les rangs des royalistes les plus dévoués, et depuis il ne quitta jamais ce poste honorable.

En 1821, M. de Peyronnet fit partie du ministère Villèle comme garde des sceaux. En cette qualité, il concourut activement aux principales mesures qui signalèrent cette administration. Il présenta et soutint à la tribune le projet de loi sur le sacrilège, ceux qui avaient pour objet de prévenir et de réprimer les abus de la presse, etc.

Nous n'entrerons pas dans de longs détails à ce sujet. Nous n'examinerons pas les jugemens divers qui ont été portés sur ces mesures. Nous nous bornerons à quelques considérations générales qui expliquent la part active que prit M. de Peyronnet à l'élaboration et à la discussion des projets dont nous venons de parler.

Comme beaucoup d'hommes intelligens et généreux, M. de Peyronnet voyait avec douleur les atteintes profondes portées par l'esprit révolutionnaire aux traditions religieuses et monarchiques qui avaient fait si longtemps la force et la vie de la société. Le libéralisme, héritier direct des idées subversives du dix-huitième siècle, travaillait à faire disparaître jusqu'aux derniers vestiges des croyances et des institutions du passé, sans rien mettre à la place de ces institutions et de ces croyances. Ses négations hardies frappaient indistinctement tous les principes fondamentaux de l'ordre social. Aussi ardent à détruire qu'impuissant à édifier, le libéralisme préparait un bouleversement complet dans le monde moral et politique, sans savoir par quels moyens il serait possible de rétablir l'ordre et l'harmonie. M. de Peyronnet comprit l'imminence du danger. Effrayé de ces symptômes de désorganisation, sincèrement attaché au maintien des principes conservateurs de toute société, il voulut rendre à la religion son influence salutaire, à la royauté son prestige, à la nation le calme et la sécurité dont elle était privée depuis si longtemps.

Les mesures soutenues par M. de Peyronnet furent donc inspirées par une conviction profonde. On a pu différer avec lui d'opinion sur l'efficacité et l'opportunité de ces mesures, mais ce que personne ne saurait nier, c'est la pureté d'intention, le caractère élevé et le talent remarquable du ministre qui leur prêta l'appui de sa parole.

En quittant les fonctions de garde des sceaux en 1828, M. de Peyronnet fut nommé ministre d'état et pair de France. En 1822, il avait été fait comte, et il était déjà depuis quelques années grand-officier de la légion d'honneur, grand-croix de l'ordre espagnol de Charles III, chevalier des ordres du roi, etc., etc.

En 1830, à l'époque de la formation du ministère Polignac, M le comte de Peyronnet fut appelé à faire partie de la nouvelle administration, et chargé du portefeuille de l'intérieur. Les circonstances étaient difficiles. Partout se manifestaient des ymptômes de désorganisation. Par suite de la faiblesse et de l'indécision du précédent ministère, les factions avaient pris une attitude plus menaçante, les menées du partie révolutionnaire avaient acquis un caractère plus dangereux. Les chefs du libéralisme organisaient sur une grande échelle leur propagande subversive. Les comités directeurs couvraient la France d'un immense réseau. La presse devenait de plus en plus aggressive, elle excitait chaque jour à la haine de l'ordre de choses établi, et la royauté elle-même n'était pas à l'abri de ses atteintes. Enfin, l'élément révolutionnaire s'était introduit jusque dans la chambre, il avait pénétré dans l'enceinte où s'élaborent les lois.

C'est dans ces circonstances critiques que MM. de Peyronnet, de Polignac, de Chantelauze, etc., arrivèrent au pouvoir. Dès son apparition, et avant même qu'aucun acte eût signalé son existence ministérielle, les attaques les plus violentes furent dirigées par la presse libérale contre la nouvelle administration. La majorité de la chambre élective fit cause commune avec la presse, et refusa positivement son concours au ministère.

La chambre fut dissoute par le pouvoir, en vertu du droit qu'accordait formellement à celui-ci le texte même de la charte, mais les électeurs s'obstinant à renvoyer les mêmes députés, le ministère crut devoir prendre enfin une mesure décisive pour faire cesser une lutte fâcheuse, de déplorables collisions, une situation anormale, exceptionnelle, qui compromettait gravement l'ordre et la monarchie.

Les ordonnances de juillet furent la conséquence naturelle, et selon nous inévitable, des faits que nous venons de raconter.

En présence des dangers sérieux que courait la royauté en face d'une majorité parlementaire franchement hostile, au milieu de la fermentation des esprits, fermentation qu'entretenaient les attaques incessantes de la presse, il n'y avait pas d'hésitation possible pour M. de Peyronnet et ses collègues, hommes éminemment monarchiques, à la volonté forte, au dévouement chevaleresque. La révolution avait jeté le gant, ils le relevèrent vivement. Il s'agissait d'un duel à mort, ils en acceptèrent courageusement toutes les chances, et prirent, dans cette lutte, la dévise des braves : *vaincre ou mourir*.

On le voit, les ordonnances de juillet sortirent logiquement de la situation. On a beaucoup parlé depuis de l'illégalité de ces ordonnances. Pour nous, nous croyons fermement que leur parfaite légalité résulte de l'article 14 de la charte. C'est ce qu'a démontré très clairement M. de Peyronnet dans un écrit très substantiel, très lucide qui parut en 1832.

On sait quelle fut l'issue de cette lutte engagée entre la révolution et la monarchie. On connaît aussi les événemens qui suivirent. Tout le monde se souvient de la fermeté, de l'énergie que M. de Peyronnet déploya personnellement à l'époque de son arrestation, et pendant les débats orageux que souleva le procès des ex-ministres de Charles X. Ce procès se termina, par une condamnation à la déportation perpétuelle.

Les hommes vraiment supérieurs grandissent dans l'infortune ; de même que le feu purifie l'or, le malheur purifie les âmes. On peut dire qu'il ne manquait à M. de Peyronnet que cette dernière épreuve pour que les qualités de son esprit et de son cœur brillassent de tout leur éclat. En dehors du mouvement des partis et des agitations de la vie publique, en dehors de cette arène où les passions politiques avaient soulevé, autour de lui, tant de bruit et de poussière, isolé, seul avec lui-même, il sut occuper utilement les loisirs de sa captivité. Les lettres, cette noble distraction des grands cœurs, viennent le charmer dans sa solitude.

Victime d'une réaction, frappé, mais non abattu, il se réfugie dans l'intimité des grands écrivains qui avaient fait les délices de sa jeunesse, et qui, maintenant, le consolent et l'élèvent au-dessus des rigueurs de la fortune. Il offre dans cette situation le type accompli du philosophe chrétien, subissant, avec résignation et sans murmure, l'arrêt qui le proscrit, bénissant la main de la Providence qui le frappe, et ne cherchant de distractions que dans un noble emploi de ses facultés.

Ces travaux solitaires n'ont pas été stériles. C'est dans le cours de sa captivité que le comte de Peyronnet a tout à coup révélé des qualités éminentes comme penseur et comme écrivain ; jusque alors on n'avait eu l'occasion d'admirer que le puissant orateur politique, l'improvisateur plein de logique, de verve, de soudaineté, d'inspiration ; mais ce qu'on ignorait encore, c'est qu'il savait manier la plume avec autant d'habileté que la parole, et que sa pensée écrite, imprimée, pouvait subir l'épreuve de l'examen, et défier la critique des juges les plus compétens et les plus difficiles. Les productions littéraires publiées par M. de Peyronnet, pendant son séjour au château de Ham, ne laissèrent aucun doute à cet égard. Tout le monde a lu ces ouvrages, où la force des pensées et l'élévation des sentimens le disputent à l'énergie, à la concision, à l'élégance du style. Tous les organes de la presse, et ceux-là même qui avaient été le plus hostiles à l'ancien ministre de la restauration, se sont empressés de rendre justice au mérite éminent de l'écrivain.

Parmi ces ouvrages, le plus remarquable, sans contredit, c'est celui qui a pour titre : *Pensées d'un Prisonnier.* — Quelle profondeur d'observation ! quelle expérience consommée, quelle justesse d'aperçus ; quel calme, quelle sérénité, quelle indulgence pour les hommes ,..... et, dans la forme, quelle vigueur, quelle précision , quelle originalité!

Tant de résignation, de courage et de talent devaient finir par désarmer les passions populaires. Aussi, la mise en liberté des ex-ministres de Charles X fut-elle réclamée avec instance par les mêmes hommes qui, quelques années auparavant, avaient demandé à grands cris leur châtiment. Le pouvoir a cédé enfin à ces manifestations sympathiques de l'opinion.

Aujourd'hui le jugement impartial de la postérité a commencé pour M. de Peyronnet comme pour ses anciens collègues. A mesure que s'éloignent de nous les événemens auxquels il prit une part active, on apprécie sa conduite et ses actes avec plus d'impartialité. Les parties abjurent de plus en plus leurs préventions, leurs rancunes, et personne ne refuse aujourd'hui à M. le comte de Peyronnet l'estime et l'admiration que mérite un homme d'intelligence et de cœur.

Nous venons de rappeler les divers incidens de la carrière de M. de Peyronnet. Maintenant, résumons en quelques mots les principaux faits qui composent cette Notice. — Avocat plein de talent et d'énergie, il a apporté au barreau cette ardeur de conviction, cette loyauté, ce désintéressement dont il trouvait des précieux exemples dans sa famille. — Magistrat ferme et éclairé, il a déployé, dans l'exercice des plus hautes fonctions judiciaires, une verve, une franchises et une vigueur d'éloquence qui, tout en lui attirant beaucoup de haines, en déchaînant contre lui les colères d'une foule de pamphlétaires obscurs, lui ont acquis l'estime des hommes honorables de tous les partis. — Comme garde des sceaux, il a travaillé avec succès à établir, dans la hiérarchie judiciaire, une grande régularité et une sévère exactitude, et dans la discussion des projets de loi auxquels il prit part, il ne fut inspiré que par son profond dévoûment à la cause monarchique et religieuse. — Ministre de l'intérieur en 1830, il n'hésita point à risquer sa fortune, sa liberté et sa vie, pour préserver la royauté des atteintes des factions. — Enfin, aussi grand, aussi résigné après la défaite qu'il s'était montré courageux, loyal, chevaleresque, tant que la lutte avait duré, il a couronné une carrière aussi honorablement remplie par des publications littéraires qui ont entouré son nom d'un prestige nouveau, et qui sont déjà classées parmi les meilleurs ouvrages de notre époque. Tels sont les titres de M. de Peyronnet au respect de tous les hommes intelligens. En les retraçant dans cette Notice, nous avons senti plus d'une fois l'insuffisance de nos forces. Trop heureux si la faiblesse de notre talent était racheté par l'ardeur de nos sympathies.